Wie viel Haus?

Thoreau, Le Corbusier und die Sustainable Cabin

Urs Peter Flückiger

Wie viel Haus?

Thoreau, Le Corbusier und die Sustainable Cabin

Birkhäuser
Basel

180°-Panorama, Thoreaus Bucht, Waldensee, Massachusetts
360°-Panorama, Le Cabanon, Roquebrune-Cap-Martin, Frankreich
180°-Panorama, Sustainable Cabin, Crowell, Texas

INHALT

„Einfachheit, Einfachheit, Einfachheit!"*

* Thoreau, Henry David,
Walden oder Hüttenleben im Walde,
Zürich 1992³, S. 138.

EINFÜHRUNG

Die Idee des idealen Mindestraums fasziniert die Menschen seit Generationen. Henry David Thoreau baute sich am Nordufer des Waldensees in der Nähe von Concord, Massachusetts, ein Haus aus Holz, das nicht mehr als 28 Dollar und zwölfeinhalb Cent kostete. Von 1845 bis 1847 – zwei Jahre, zwei Monate und zwei Tage lang – führte er dort ein spartanisches Leben. In dieser Zeit schrieb Thoreau das Manuskript von Walden; or Life in the Woods (*Walden oder Leben in den Wäldern*), ein Buch über das einfache Leben in der freien Natur zu allen vier Jahreszeiten.

Im Jahr 1952 schenkte Le Corbusier seiner Frau Yvonne zu ihrem Geburtstag ein Holzhäuschen, *Le Cabanon*. Das kleine Urlaubsdomizil steht in Roquebrune-Cap-Martin an der Côte d'Azur im Süden Frankreichs, nahe an der französisch-italienischen Grenze, also in der Region, aus der Yvonne stammte und die sie liebte. Le Corbusier selbst kam seit den frühen 1930er-Jahren regelmäßig nach Roquebrune-Cap-Martin, zuerst als Besucher, dann als Feriengast Jean Badovicis in der von Eileen Gray und Badovici entworfenen *Villa E.1027*. Nach Kriegsende kehrte er als Gast zu Thomas Rebutatos kleinem Restaurant *L'Etoile de Mer* zurück. Le Corbusier, seine Frau und Rebutato wurden Freunde, und 1952 konnte Le Corbusier ein eigenes, an das Restaurant anschließendes Grundstück für *Le Cabanon* erwerben.

Thoreaus Holzhäuschen in Walden und Le Corbusiers *Cabanon* inspirierten die Studierenden am College of Architecture der Texas Tech University und ihren Professor Urs Peter Flückiger zum Entwurf und Bau der Sustainable Cabin, einer modernen – ökologischen und ökonomischen – Hütte im Geist von Thoreau und Le Corbusier. Sie analysierten deshalb minimale Wohnlösungen und ihre Entwurfsmethoden. Anhand von Zeichnungen und Fotografien wurden dabei überraschende Ähnlichkeiten zwischen den drei Projekten sichtbar. Der nachfolgende Essay „Wie viel Haus?" ist ein zeitkritischer Beitrag zur Diskussion über die stetig zunehmende Größe von Wohnstätten.

Urs Peter Flückiger,
Januar 2016
Lubbock, Texas

Südostansicht, Thoreaus Haus

WIE VIEL HAUS?

In Leo Tolstois kurzer Erzählung *Wie viel Erde braucht der Mensch?* (1885) glaubt der Protagonist Pachom, jeder Zuwachs von Land und Wohlstand werde ihn glücklicher machen. Doch er will immer mehr. Die Baschkiren, zu denen er sich aufmacht, weil sie fruchtbares Land günstig verkaufen, stellen ihn vor eine ultimative Herausforderung: Für ganze 1000 Rubel versprechen sie ihm so viel Land, wie er im Laufe eines Tages, von Sonnenaufgang bis Sonnenuntergang, umwandern kann. Eine einzige Bedingung hat Pachom einzuhalten – er muss zurück am Ausgangspunkt sein, bevor die Sonne untergeht.

Die Aussicht, für wenig Geld in den Besitz eines enorm großen Grundstücks zu gelangen, versetzt ihn in äußerste Erregung. Aber er verschätzt sich bei der Berechnung der Zeit – am Ende des Tages rennt er mit letzter Kraft auf die sinkende Sonne zu. Im Ziel bricht er dann vor Erschöpfung tot zusammen. Sein Knecht beerdigt ihn in einem gewöhnlichen Grab und beantwortet damit die Frage: „Wie viel Erde braucht der Mensch?" Nicht mehr, als für ein einfaches Grab nötig ist.

Ich erinnere mich daran, wie mein Vater mich vor etwa 40 Jahren, als ich ein Kind war, auf Tolstois Geschichte hinwies. In meiner Vorstellung sah ich weite, flache Ebenen im fernen Russland, nicht unähnlich der Landschaft, in der ich heute lebe, den *High Plains* von Texas. Wächst man, wie ich, in der ländlichen Schweiz auf, ist es natürlich undenkbar, ein Stück Land zu besitzen, wie es sich Tolstois Pachom ausmalt. Jeder Bauer in unserem Ort konnte die Grenzen seines Ackerlandes mit Leichtigkeit an einem Tag umrunden, die meisten wahrscheinlich in weniger als einer Stunde. Ich weiß noch, dass ich mich fragte, warum Pachom seinen Weg eigentlich nicht ein wenig kürzte. Ich stellte mir vor, wie ich selbst ein Stück Land umrundete, manchmal vielleicht eine Weile rannte, um es dann in

Besitz nehmen zu können – wie fantastisch das wäre. Ich fragte mich, warum Pachom sich seine Zeit und Energie nicht einteilen konnte ... Als Kind ging ich ganz in diesen Fragen auf, ich fühlte mit Pachom mit. Er war so nahe daran, so viel zu besitzen.

Viele Amerikaner wünschen sich immer größere Häuser. Heute ist es schwer vorstellbar, dass die durchschnittliche amerikanische Familie 1950 etwa 93 Quadratmeter Wohnraum beanspruchte. Im Jahr 2007 lag die Größe der Durchschnittswohnung bei 234 Quadratmetern – mehr als doppelt so viel wie 57 Jahre zuvor.[1] In den folgenden Jahren, die von einem weltweiten wirtschaftlichen Abschwung gekennzeichnet waren, hat die mittlere Größe um 30 bis 50 Quadratmeter abgenommen, stieg bis 2013 aber erneut auf durchschnittliche 241 Quadratmeter pro Haus.[2] Während die Einfamilienhäuser an Fläche zunahmen, sank zugleich die Zahl der Personen pro Haushalt. Mehr Raum und mehr Komfort wurden zum Standard. Ein größeres Schlafzimmer, dazu ein Bad. Ein Schlafzimmer für jedes Kind statt eines gemeinsamen Kinderzimmers. Ein Hobbyraum, ein Arbeitszimmer für jeden Erwachsenen, vielleicht auch ein Trainingsraum und ein Spielzimmer für die ganze Familie.

1974 kostete der 19-Zoll-Farbfernseher KV-1920 von Sony 540 Dollar. Inflationsbereinigt wären das heute 2835 Dollar. Heute kauft kaum jemand noch ein Fernsehgerät mit einem 19-Zoll-Bildschirm. Ein mehr als doppelt so großes Gerät mit Flachbildschirm kostet weniger als 540 Dollar. Selbst der Monitor eines Desktop-Computers oder eines All-in-one-Computers ist inzwischen so groß oder gar größer als der Sony-Fernseher von 1974.

Nicht nur unsere Behausungen haben stetig an Quadratmetern zugenommen, wir besitzen auch mehr Dinge, die wir hineinstopfen müssen. Kurz, viele von uns haben einfach mehr Zeug – Kleider, Schuhe,

Freizeit-, Sport- und Hobbygeräte, die, wenn sie nicht in Gebrauch sind, verstaut werden müssen.

Seit den 1960er-Jahren sieht man bei einer Fahrt durch die vorstädtischen Wohnquartiere der Mittelschicht, dass in den Zufahrten ein oder zwei Autos geparkt sind. Die Zufahrt führt im Allgemeinen zu einer Doppelgarage, die aber meist geschlossen ist, während die Autos draußen stehen. Die Garage hingegen wird häufig zur Lagerstätte für Dinge, die wir nicht mehr brauchen, aber auch nicht wegwerfen wollen. Sie werden in der Garage platziert mit dem Gedanken „Könnte ich vielleicht noch mal gebrauchen." Kinderspielzeug, alte Möbel, saisonale Gebrauchsgegenstände wie Gartenstühle oder Wohnungsdekoration, die Winterkleidung oder aussortierte Kleidung, veraltete Elektronik und Geräte, Sportausrüstungen, Werkzeug und Apparate aller Art, die wir einmal für unverzichtbar hielten. Ob man will oder nicht: Früher oder später verwandeln wir unsere Garagen in Vorratsschuppen.

Wenn die Garage dann irgendwann aus allen Nähten platzt, hilft nur noch ein Flohmarkt. Und anschließend kann der ganze Zyklus von vorn beginnen.

Im heutigen Informationszeitalter erreicht uns jeden Tag zu jeder Zeit ein endloser, stetiger Strom digitaler Daten. Wo immer wir sind. Wir müssen E-Mails, SMS, Tweets lesen beziehungsweise beantworten und unsere sozialen Netzwerke pflegen. Geschäftliche Aktionen werden vielfach digital abgewickelt. Zum Beispiel bestellen wir Waren im Internet und bezahlen auch viele Rechnungen online. Im Zuge der Onlinebestellung fragt der Verkäufer die Konsumenten routinemäßig nach ihrer E-Mail-Adresse, um ihnen E-Mails zu schicken, die für die neuesten Angebote des Verkäufers werben. Designer von E-Mail-Software haben einen Ordner für E-Mails entwickelt, in den

Spam und andere unerwünschte Mails umgeleitet werden sollen – ein Versuch, die anhaltende Informationsflut zu filtern. Und immer mal wieder fragt ein Kollege im Büro: „Haben Sie meine E-Mail eigentlich bekommen?" Natürlich, habe ich, hatte aber keine Zeit zu antworten, oder eine andere, dringendere Mail hatte Vorrang. Oder sie ist in der Mailflut schlicht untergegangen.

Konfrontiert mit diesem endlosen Strom digitaler Daten, sind wir gezwungen, uns permanent mit diesen Informationen zu befassen und sie nach Prioritäten zu ordnen. E-Mails, SMS und das Internet haben nicht nur die Art und Weise, sondern auch den Ort unseres Arbeitens und Kommunizierens verändert. Die Arbeit dringt in unser Zuhause ebenso ein wie in die abgelegensten Gegenden unseres Planeten, am Abend ebenso wie in den frühen Morgenstunden, Wochenenden und Ferien. Wie oft schon haben wir zu unseren Partnern gesagt: „Nur eine Minute, ich muss schnell diese E-Mail (oder SMS) fertig machen ..." Der Arbeitsplatz war einmal das Büro, und das Zuhause war der Ort des häuslichen Lebens. Heute aber kann digitale Arbeit fast jederzeit überall erledigt werden. Viele von uns benutzen ihr Smartphone als Wecker, sodass wir dieses Gerät oft als Letztes sehen, bevor wir zu Bett gehen, und am Morgen als Erstes berühren. Das Risiko einer Überbeanspruchung durch Information ist offensichtlich. Der Wunsch nach einem einfacheren Leben ist da fast naheliegend. Die Hütte, das Refugium, steht nicht nur für einen physischen Fluchtort; sie steht für ein Ideal, als Metapher unseres Denkens – die Vorstellung von Übersichtlichkeit und Machbarkeit ohne die Überflutung durch einen digitalen Datenstrom.

Dass wir uns nach einem einfacheren Leben sehnen, zeigt auch der jüngste Trend zu Bildbänden, die solche Refugien, Häuser und Hütten – „getaway homes" – zum Thema haben. Können wir keine eigene Hütte haben, dann schauen wir uns doch wenigstens Ferienhäuser in traumhafter, großartiger, natürlicher Umgebung an, sodass wir uns vorstellen können, wie es wäre, wenn wir eines davon besäßen. Einen Ort, an dem wir uns entspannen, zur Ruhe kommen und über das Leben und uns selbst nachdenken können. In einer Hütte genügt ein Raum; ein Kamin oder Ofen spendet Wärme für Zimmer und Seele. Schlicht Zeit zu haben für sich selbst, den Partner, die Freunde und die Familie, das ist wichtig. Ein einziger Raum, so scheint es, ist leicht in Ordnung zu halten – und weit entfernt von jeder Doppelgarage. Oft steht eine Hütte also für einen imaginären Raum, einen Ort, an dem alles wieder leicht zu überblicken und zu ordnen ist, weil der Tagesablauf nicht länger von der Informationsüberlastung beherrscht wird. Wir alle können uns fragen: Wie viele Informationen kann ein menschliches Gehirn verarbeiten?

Henry David Thoreau, der amerikanische Schriftsteller, Dichter und Naturforscher, lebte zur Zeit der industriellen Revolution, mithin in einer Epoche, in der maschinelle Neuerungen die Produktionsprozesse und das Leben der Menschen veränderten, ähnlich wie im heutigen Informationzeitalter. Thoreau erlebte die industrielle Revolution ganz unmittelbar, als er wiederholt für einige Zeit in der Bleistiftfabrik seiner Familie arbeitete. Und er war sogar selbst aktiv an dieser Revolution beteiligt: Indem er das Verfahren zur Serienherstellung der Bleistifte verbesserte. Thoreau, der oft einer der ersten Umweltschützer genannt wird, war insofern durchaus ein Mann seiner Zeit und von der industriellen Revolution geprägt. Der Romanautor John Updike beginnt seine Einführung zur Jubiläumsausgabe von *Walden*, erschienen 150 Jahre nach der Erstausgabe, mit den Worten:

„ANDERTHALB JAHRHUNDERTE nach seiner ersten Veröffentlichung ist Walden in einem solchen Maß zum Totem einer Geisteshaltung geworden, die für das Zurück-zur-Natur, für Konservierung, Anti-Business und bürgerlichen Ungehorsam steht, und Thoreau zu einem

so leuchtenden Vertreter der Protestbewegung, einem so perfekten Spinner und heiligen Eremiten, dass dem Buch das Schicksal droht, so verehrt und so wenig gelesen zu werden wie die Bibel."[3]

Le Corbusier, der vielleicht innovativste Architekt des 20. Jahrhunderts, der sich zeitlebens mit der Frage des minimalen Raums auseinandergesetzt hatte, entwarf und baute seinen *espace minimum,* seine Hütte, an der Côte d'Azur in Frankreich, wo er fern von seinem Pariser Arbeitsalltag Freude und Erholung fand.

Sowohl Thoreaus als auch Le Corbusiers Minimalbehausung passen in die Doppelgarage eines durchschnittlichen amerikanischen Hauses unserer Tage. Thoreaus Haus am Waldensee maß etwa 3 × 4,6 Meter, knapp 14 Quadratmeter, und Le Corbusiers *Cabanon* misst 3,66 × 3,66 Meter, gut 13 Quadratmeter. Die Doppelgarage mit einer Größe von etwa 37 Quadratmetern ist somit geräumiger als Le Corbusiers und Thoreaus Behausungen zusammen. Wenn Sie also das nächste Mal eine mit Trödel gefüllte Doppelgarage sehen, dann denken Sie sich: „Das könnte eine Ferienwohnung sein."

Allerdings muss eingeräumt werden, dass Thoreau und Le Corbusier nur für begrenzte Zeit in ihrer winzigen Unterkunft lebten. Thoreau blieb gut zwei Jahre im selbst erbauten Haus am Waldensee. Le Corbusier verbrachte in den Jahren 1952 bis 1965 seine Sommerferien im *Cabanon,* also jeweils etwa einen Monat. Keiner lebte in Einsamkeit. Le Corbusier speiste in dem kleinen angeschlossenen Restaurant oder ließ sich die Mahlzeiten in seinem Häuschen servieren, wenn er für sich sein wollte. Thoreau war Selbstversorger und lebte von den Bohnen, die er gepflanzt hatte, und von dem, was Wald und See an Essbarem boten. Von einem Leben als Eremit kann also keine Rede sein. Thoreau ging meist wöchentlich ins nahe gelegene Concord, um Freunde zu besuchen oder seine Wäsche in die Reinigung zu bringen. Le Corbusier und seine Frau freuten sich an der Gesellschaft der Restaurantbesitzer, der Rebutatos, und am Besuch von Freunden und Verwandten. Und beide Männer benutzten ihr jeweiliges Refugium zur Arbeit. Thoreaus *Walden; or, Life in the Woods*, das er 1854 veröffentlichte, wäre ohne seine Jahre am Waldensee nahezu undenkbar. Le Corbusier machte Zeichnungen von „Gegenständen, die sehr wohl poetische Objekte sein können"[4], Strandgut, vom Meer ans Ufer gespült, das er auf der Suche nach Inspiration durchstöberte. Auch die Arbeit an seinen architektonischen Projekten setzte er fort. Beide Männer nutzten das nahe gelegene Gewässer, See beziehungsweise Meer, zum Schwimmen. Beide waren lebenslang beherrscht vom Gedanken des einfachen Lebens, Thoreau mehr auf philosophisch-ökologische Art, während Le Corbusier mehr vom Räumlichen ausging und an *Le Cabanon* seine Maßlehre Modulor anwendete und testete. Diese Prioriäten spiegeln sich in den jeweiligen Bauten wider.

Der heutige Minimalismus in der Architektur zielt nicht unbedingt auf das Kleine oder Einfache, minimal ist eher das Äußere. Oft versteckt sich hinter der minimalen Erscheinung eine komplexe Technologie. Moderner Minimalismus ist eine Maske. Minimalistisches Bauen von heute ist dem Erscheinungsbild nach minimal; Thoreaus und Le Corbusiers Behausungen dagegen sind minimal ihrem Äußeren nach, doch maximal in der Substanz.

Im Kapitel „Ökonomie" von *Walden* schreibt Thoreau: „... dann baut er mit dem Haus gleichsam seinen eigenen Sarg ..."[5]

Hier schließt sich der Kreis – und wir kommen zurück auf Tolstois Kurzerzählung *Wie viel Erde braucht der Mensch?* und die Figur des Pachom, der am Ende wohl nicht einmal einen Sarg hatte. Letztlich sind wir alle auf unserer ganz individuellen Suche nach dem Heim idealer Größe. Wie viel Haus brauchen wir? Wir sind alle verschieden und haben unsere eigenen, besonderen Antworten auf diese Frage. Die Antwort ist auch vom bisherigen Leben abhängig und variiert zudem je nach aktuellem Lebensabschnitt. Am Ende des Tages, wenn ich zu Bett gehe und auf einen erholsamen Nachtschlaf hoffe, brauche ich nicht viel Raum. Selbst wenn ich mir ein Bett von 3,6 × 3,6 Metern wünschte – nach dem Einschlafen hätte ich nicht viel davon. Wichtiger ist der eigentliche Komfort des Bettes während der regenerativen Schlafphasen. Ökologisch gesprochen: Der Bau kleinerer Häuser ist umweltbewusster als der größerer, egal, wie grün diese gebaut sind. Die globale Erwärmung, ob vom Menschen verursacht oder nicht, betrifft uns alle. Größere Wohnstätten benötigen mehr Ressourcen als kleinere. Wenn wir bewusst einschätzen, wie viel Haus wir brauchen, und unser Leben entsprechend einrichten, kann jeder von uns einen Beitrag zum Wohl der Welt, in der wir leben, leisten. Wie Thoreau zutreffend schrieb: „Was nützt ein Haus ohne einen tauglichen Planeten, auf den man es stellen kann?"[6]

1 Vgl. https://www.census.gov/const/C2Ann/sftotalmedavgsqft.pdf

2 Vgl. https://www.census.gov/construction/chars/pdf/medavgsqft.pdf

3 Thoreau, Henry David, *Walden; or, Life in the Woods,* New Jersey, Princeton University Press 2004. Einführung von John Updike, S. IX.

4 Maak, Niklas, Der Architekt am Strand, München 2010, S. 97.

5 Thoreau, Henry David, Walden oder Hüttenleben im Walde, Zürich 1992, S. 73.

6 Ders., Familiar Letters of Henry David Thoreau, Cambridge 1894, S. 416.

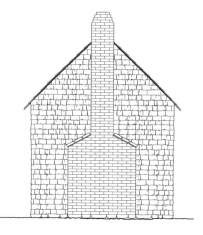

Nordwestansicht, Thoreaus Haus

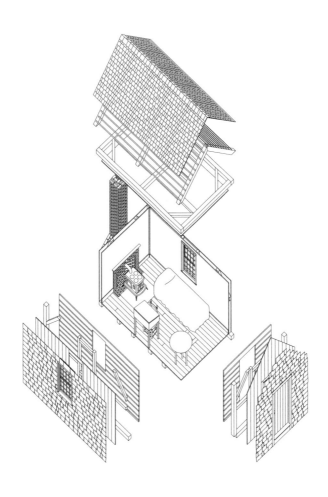

Explosionszeichnung Thoreaus Haus

DAS HAUS AM WALDENSEE
1845–1847

Henry David Thoreau 1817–1862

Vom Bostoner Logan International Airport sind es etwa 37 Kilometer bis nach Concord in Massachusetts und 35 Kilometer bis zum Waldensee. Über die Waldenstraße erreicht man vom Zentrum Concords aus nach etwa drei Kilometern das ursprüngliche Gelände von Henry David Thoreaus Haus. Thoreau ging von Concord aus zu Fuß zum Waldensee und folgte dabei zeitweilig den Gleisen der Bahnverbindung Fitchburg–Concord, die in der Nähe vorbeiführt und zur Zeit Thoreaus angelegt wurde. Heute kommen die meisten Besucher mit dem Auto über die Route 2 und wechseln dann nach Süden auf die Route 126, Waldenstraße, in Richtung des nahe gelegenen Lincoln, Massachusetts.

Thoreaus Originalhaus ist nicht erhalten. Doch wurde in den 1980er-Jahren in der Nähe der Zugangsstraße und zwischen Parkplätzen der *Walden Pond State Reservation,* die zu den *Massachusetts Forests and Parks* gehört, ein Nachbau errichtet. Ort und Umriss des originalen Thoreau-Hauses sind heute mit Granitsteinen kenntlich gemacht, aufgestellt von Roland Wells Robbins und von ihm in seinem Buch *Discovery at Walden* dokumentiert.[1] Robbins' Interesse für das Thema wurde geweckt, als er am 4. Juli 1945 an der Hundertjahrfeier von Thoreaus Übersiedlung an den Waldensee teilnahm. Einige Besucher der Veranstaltung fragten nach der genauen Lage des Hauses, und als sich darauf keine Antwort fand, beschloss Robbins, der Sache nachzugehen. Vor Robbins' Erkundungen war auf dem Grundstück eine Steinpyramide entstanden, errichtet durch mehrere Generationen von Besuchern zur Ehre von Thoreau und Walden, die den ungefähren Standort von Thoreaus Haus markierte. Aber die genaue Position, der Eingang und die Ausrichtung des Hauses blieben der Fantasie der Besucher überlassen.

Ein Besuch des ursprünglichen Standorts von Thoreaus Haus beginnt am Besucherzentrum, dann verläuft der Weg über die Route 126 hinunter zum Hauptufer des Waldensees, einer etwa 30 Meter tiefen glazialen Kleinsenke. Eine ganze Reihe von Wanderwegen führt auf das Gelände, besonders malerisch aber ist derjenige entlang der Uferlinie. Nach etwa 15 bis 20 Minuten, je nach Schritttempo, erreicht man auf einem leicht zu begehenden Wanderpfad den ursprünglichen Standort von Thoreaus Haus.

Thoreau war nicht nur ein Schriftsteller, Dichter, Philosoph und Naturforscher, sondern auch ein aufmerksamer Beobachter mit exzellenter zeichnerischer Begabung. Während seines Aufenthalts dort erstellte er die erste genaue Vermessung des Waldensees. Heute befinden sich zwei datierte Versionen der Vermessung in den Sondersammlungen der öffentlichen Bibliothek von Concord. In beiden Darstellungen ist die Lage des Hauses von Thoreau festgehalten – in der einen durch einen Punkt, in der anderen durch ein Rechteck, das zusätzlich die Ausrichtung des Hauses anzeigt. In seinem Buch *Walden* schreibt Thoreau im Kapitel „The Pond in the Winter" („Der Waldensee im Winter"): „Da ich den seit langem verschollenen Grund des Waldensees wieder beibringen wollte, vermaß ich ihn anfangs 1846, solange das Eis noch hielt, mit Kompaß, Meßkette und Lotleine."[2] Detailliert schreibt er sodann über die Tiefe des Sees, denn nach damals herrschender Legende war der Waldensee unergründlich.

In der etwa 41 × 53 Zentimeter großen Vermessungszeichnung von 1846 skizzierte er nördlich des Waldensees einen rechteckigen Umriss, von ihm einfach als „house"[3] (Seite 36, 37) bezeichnet, und zeigt daneben die Ausrichtung und Entfernung vom See an. Die Erstausgabe von *Walden; or, Life in the Woods,* erschienen 1854 in Boston bei Ticknor and Fields, enthält Thoreaus Vermessung von 1846 mit dem Eintrag von Lage und Ausrichtung seines Hauses. Viele der heute erhältlichen modernen *Walden*-Ausgaben schließen wie die Erstausgabe Thoreaus Plan von 1846 mit ein. Doch erscheint in diesen neueren Editionen nur das Wort „house". Ausrichtung und Umriss des Hauses sind leider verloren gegangen.

Jüngere Feldforschungen mit einem modernen GPS ergaben bei einem Koordinatenabgleich, dass Thoreaus Vermessung schon sehr genau war; die Abweichungen sind marginal.

Wo es um die Beschreibung des Standorts des Hauses geht, ist Thoreau, der Schriftsteller, nicht ganz so genau wie Thoreau, der Vermesser. Zu Beginn von *Walden* schreibt er: „Als ich das Folgende – jedenfalls den größten Teil davon – niederschrieb, lebte ich allein im Walde, mehr als einen Kilometer vom nächsten Nachbarn entfernt, in einem selbstgezimmerten Haus am Ufer [*on the shore*] des Waldensees bei Concord, Massachusetts, und verdiente mir meinen Lebensunterhalt ausschließlich mit meiner Hände Arbeit."[4] Nach üblichem Verständnis von „on the shore" würde man erwarten, dass das Haus mehr oder weniger direkt am Ufer lag und nichts die freie Sicht auf den See behinderte. Tatsächlich lag es am Nordufer, ein paar Dutzend Meter vom Wasser entfernt. Im Weiteren fährt Thoreau fort: „Es war ein anmutiger, mit Tannen bestandener Hang, wo ich arbeitete und auf den See hinausschaute und auf ein kleines, offenes Stück Land, wo Tannen- und Nußbaumschößlinge sprossen."[5] Diese Beschreibung des Geländes hält den Standort des Hauses genauer fest. Aus der Zeit von Thoreaus Aufenthalt am See ist kein Foto seines Hauses bekannt. Die früheste Aufnahme der Gegend stammt aus dem Jahr 1905 und zeigt den Steinhügel (Seite 29).

Im Kapitel über die „Hauswirtschaft" bezeichnet Thoreau sein Domizil als Haus. Er betrachtet es nicht als Hütte oder Bude. Ungeachtet der geringen Größe benutzte Thoreau eine schwere Balkenkonstruktion, wie sie normalerweise für sehr viel größere Häuser vorgesehen war. Und im selben Kapitel finden sich wiederholt die Begriffe „Architekt", „Architektur" oder „architektonisch".

„Was gegenwärtig an architektonischer Schönheit zu sehen ist, entstand allmählich von innen heraus, aus dem Bedürfnis und der Wesensart des Bewohners als des eigentlichen Baumeisters, aus einer unbewußten Wahrhaftigkeit und Vornehmheit, ohne jeden Gedanken an das Aussehen. Was immer künftig noch an Schönheit dazukommt, wird ebenfalls aus einer unbewußten Schönheit der Lebensweise heraus entstehen."[6]

Später in diesem Kapitel beschreibt Thoreau die Maße seines Hauses am Waldensee, außerdem das Material und die Kosten: *„So habe ich nun ein dichtes, mit Schindeln gedecktes und verputztes Haus, dreieinhalb Meter breit, fünf Meter lang und knapp drei Meter hoch, mit einer Bodenkammer und einem eingebauten Schrank, einem großen Fenster auf jeder Seite, zwei Falltüren, einer Haustür und am anderen Ende einem Schornstein. Aus der nachfolgenden Aufstellung ist genau zu ersehen, wieviel mich mein Haus gekostet hat, wobei ich für die verwendeten Baustoffe den üblichen Preis bezahlte, jedoch keine Arbeitszeit zu rechnen brauchte, da ich ja alle Arbeiten selber ausführte. Ich stelle das alles im einzelnen auf, weil die wenigsten genau sagen können, wieviel ihr Haus gekostet hat, geschweige denn, wie die Kosten sich im einzelnen verteilen.*

Bretter	*$ 8.03½,*	*zumeist Abbruchholz*
Schindeln für Dach und Wände	*4.00*	*Ausschuß*
Latten	*1.25*	
2 gebrauchte Fenster, verglast	*2.43*	
1000 alte Backsteine	*4.00*	
2 Faß Mörtel	*2.40*	*das war teuer*
Haar	*0.31*	*mehr als nötig*
Eiserner Kaminmantel	*0.15*	
Nägel	*3.90*	
Türangeln und Schrauben	*0.14*	
Türklinke	*0.10*	
Kreide	*0.01*	
Transport	*1.40*	*einen guten Teil trug ich auf meinem Buckel*
Zusammen	*$ 28.12½*	

Das ist alles, was ich an Material benötigte, abgesehen vom Bauholz, den Steinen und dem Sand, die ich mir nach altem Siedlerrecht aneignete. Dazu kommt noch ein kleiner Holzschuppen hinter dem Haus, den ich aus Abfällen verfertigte."[7]

Erwähnenswert ist, dass das Land, auf dem Thoreaus Haus errichtet wurde, zu jener Zeit im Besitz seines Freundes Ralph Waldo Emerson war. Thoreau mochte Bauholz, Steine und Sand „nach altem Siedlerrecht" erworben haben, doch das Bauholz konnte ebenso gut aus der Waldparzelle im Besitz Emersons stammen.

Nach Thoreaus experimentellem Landleben am Waldensee wurde das Haus zunächst nach Concord versetzt, wo ein Bauer es als Getreidescheune nutzte, und später abgebrochen. Im *Thoreau Institute* befindet sich ein Holzstück, das Teil eines originalen Balkens oder Sparrens sein dürfte, neben einigen Originalobjekten aus dem Thoreau-Haus wie Backsteine und handgefertigte Nägel. Beim Blick auf den originalen Tannenbalken lassen sich die Spuren der Axt erkennen, die Thoreau hinterließ, als er ihn aus den „hohe[n] ... Weißtannen, schlank und rank"[8], herausschnitt.

Der Nachbau von Thoreaus Haus vermittelt einen guten Eindruck von Raum und Proportionen des mutmaßlichen Erscheinungsbildes des Originalbaus und seiner Atmosphäre, die im Inneren vielleicht am deutlichsten spürbar ist. Es wurde versucht, von Hand gehauene Balken zu verwenden, einige davon, Thoreaus Beschreibung entsprechend, mitsamt der Rinde. Fensterbretter sind mit handgeschmiedeten Nägeln montiert, um der Konstruktion eine der Zeit Thoreaus entsprechende Authentizität zu verleihen. Die Dachsparren hingegen sind mit der Maschine geschnitten und die Schindeln nach heutigen Fertigungsmethoden produziert, sodass der Nachbau übermäßig maschinell gefertigt wirkt. Vielleicht am wichtigsten ist aber, dass die Planer dem Nachbau dieselbe Ausrichtung gaben wie Thoreaus Original. Wie die Sonnenstrahlen durchs Fenster auf die Möbel und den Einzimmerraum fallen und welche Schatten es gibt – das hätte also wohl auch Thoreau vor mehr als 150 Jahren erleben können (Seite 30–35). Diese Beobachtung führte zur Erstellung einer Fotomontage, bei der der Nachbau am ursprünglichen Standort angesiedelt ist. Auf diese Weise können wir heute nachvollziehen, was Thoreau sah, wenn er aus dem Haus trat. Diese Fotos geben uns einen Eindruck vom möglichen Aussehen des thoreauschen Hauses an seinem ursprünglichen Standort.

Abgesehen von der Minimalgröße des Hauses lag Thoreau, einem frühen Verfechter der Nachhaltigkeit, auch die Wiederverwertung von Baumaterial am Herzen. Heute betreiben Architekten und Planer die Mehrfachverwertung von Baumaterialien und -komponenten, um Punkte beim *Leadership in Energy and Environmental Design* (LEED) zu sammeln, einem weltweit eingesetzten Zertifizierungsprogramm, das von der gemeinnützigen Organisation *U.S. Green Building Council* (USGBC) entwickelt wurde. Dieses Programm für ökologisches Bauen vergibt verschiedene Zertifikate, wobei „Platin" die höchste Bewertung darstellt.

Thoreau hätte für seine Wiederverwertung von Baumaterial auf alle Fälle LEED-Punkte erhalten – zu nennen wären die zwei Secondhand-Fenster, die alten Backsteine und die Bretter, die er demontierte, nachdem er die Hütte des Iren James Collins gekauft hatte.[9]

In Walden führte Thoreau ein selbstgenügsames Leben, das noch für heutige Umweltschützer inspirierend ist. Für Architekten, Designer und Planer sind seine ökologischen Konstruktionsmethoden und die Art der Planung nach wie vor spannend und anregend.

1 Robbins, Roland W., *Discovery at Walden,* 1974. Neuauflage Lincoln, MA Thoreau Society 1999.

2 Thoreau, Henry David, *Walden oder Hüttenleben im Walde,* Zürich 1992, S. 399.

3 Ders., Survey Drawing of Walden Pond. 133a Walden Pond [1846]. Concord, MA.

4 Ders., *Walden oder Hüttenleben im Walde,* Zürich 1992, S. 5.

5 Ebenda, S. 63.

6 Ebenda, S. 72.

7 Ebenda, S. 73–75.

8 Ebenda, S. 62.

9 Ebenda, S. 66 f.

Thoreaus Bucht, Waldensee, Massachusetts,
historische Aufnahme von 1908

Lage des Hauses mit Steinhaufen,
historische Aufnahme von 1908

Blick nach Norden, Thoreaus Haus, Winter

Blick nach Norden, Thoreaus Haus, Herbst

Blick nach Nordwesten,
Thoreaus Haus, Herbst

Blick aus dem Südwestfenster,
Thoreaus Haus

Detail an der Decke mit Kiefernbalken,
Thoreaus Haus

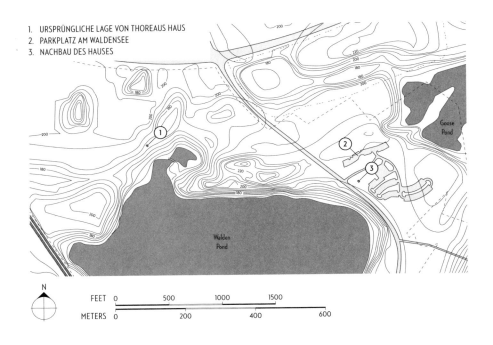

1. URSPRÜNGLICHE LAGE VON THOREAUS HAUS
2. PARKPLATZ AM WALDENSEE
3. NACHBAU DES HAUSES

Goose
Pond

Walden
Pond

N

FEET 0   500   1000   1500

METERS 0   200   400   600

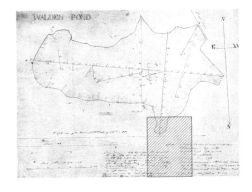

Lageplan, Waldensee,
bei Concord, Massachusetts

Ausschnitt aus dem Vermessungsplan mit Ausrichtung des Hauses, von Henry David Thoreau

Vermessungsplan von Waldensee,
von Henry David Thoreau

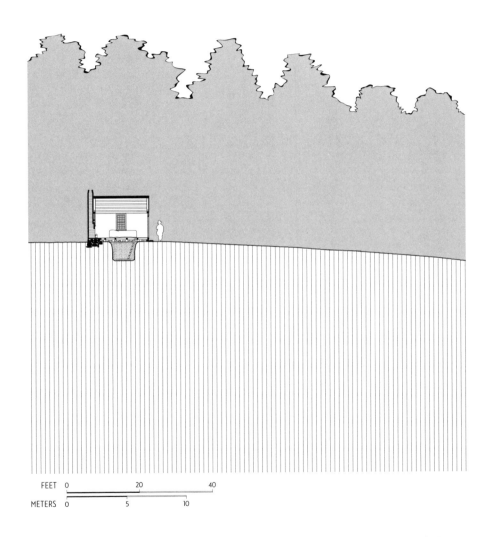

FEET   0   20   40

METERS   0   5   10

Geländeschnitt, Thoreaus Haus, Nord – Süd

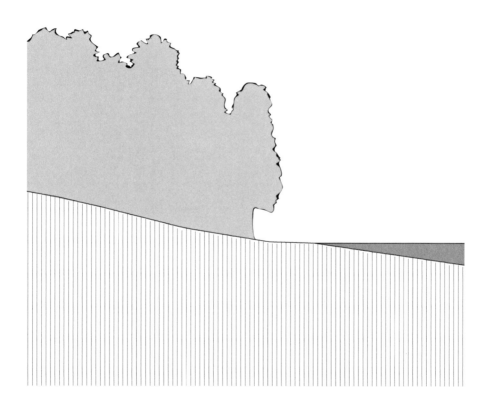

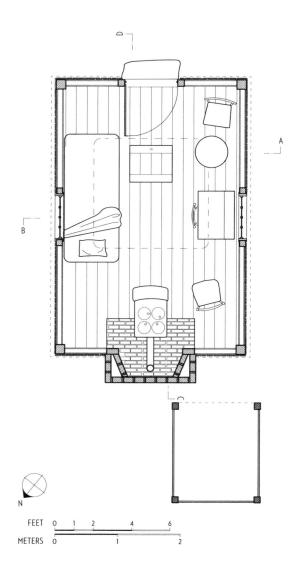

D

A

B

C

N

FEET 0 1 2 4 6
METERS 0 1 2

Grundriss, Thoreaus Haus

40

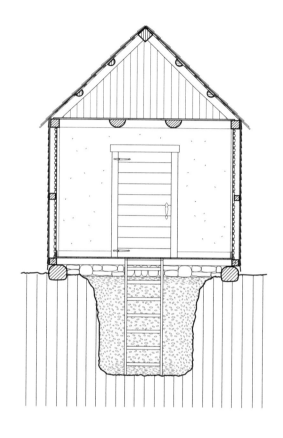

FEET 0 1 2 4 6
METERS 0 1 2

Schnitt A, Richtung Südosten, Thoreaus Haus

41

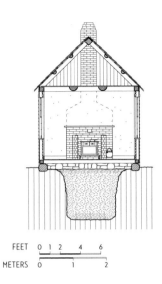

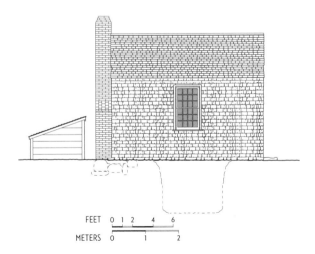

FEET   0 1 2   4   6

METERS   0   1   2

Schnitt B, Richtung Nordwesten,
Thoreaus Haus

Südwestansicht,
Thoreaus Haus

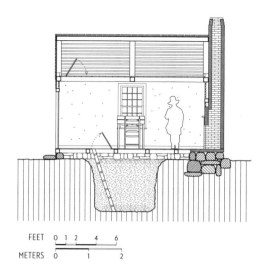

FEET 0 1 2 4 6
METERS 0 1 2

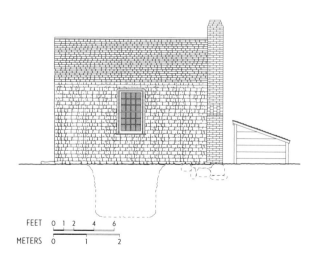

FEET 0 1 2 4 6
METERS 0 1 2

Längsschnitt C, Richtung Südwest,
Thoreaus Haus

Nordostansicht,
Thoreaus Haus

43

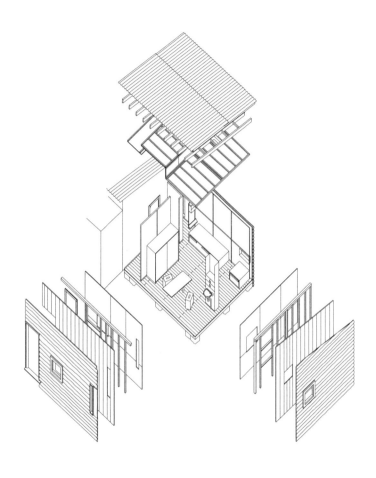

Explosionszeichnung, Le Cabanon

LE CABANON 1951–1952

Le Corbusier 1887–1965

Reist man mit dem Zug von Nizza nach Roquebrune-Cap-Martin an der Côte d'Azur, folgt man derselben Route entlang der französischen Riviera, die seinerzeit Le Corbusier einschlug, wenn er nach seiner Zugfahrt oder seinem Flug von Paris nach Nizza die Reise per Zug oder Auto nach Roquebrune-Cap-Martin fortsetzte. *Le Cabanon* – eine Bezeichnung für traditionell gebaute Behausungen an der Mittelmeerküste, die so viel wie Hüttchen oder Schuppen bedeutet – liegt etwa 600 Meter südöstlich der Eisenbahnstation Roquebrune-Cap-Martin.

Heutzutage sind die Schalter des etwas verwahrlosten Bahnhofs, der nur noch von Nahverkehrszügen angefahren wird, geschlossen. Bei Informationen zu Ankunft, Abfahrt und Verspätungen muss der Reisende auf persönliche Auskünfte verzichten. Touristen, die diese Gegend besuchen, bevorzugen als Reiseziel in der Regel das glamourösere Monaco.

Während der Sommermonate beginnen hier – jedenfalls bei schönem Wetter und nach entsprechender Anmeldung – zwei- bis dreimal wöchentlich Führungen zu *Le Cabanon*. Treffpunkt für diese Touren ist die Südseite des Bahnhofs, die man durch eine Unterführung unter dem Bahndamm erreicht. Obwohl nur etwa zehn Minuten Fahrzeit von Monaco entfernt, fühlt man sich wie in einer anderen Welt. Weder Kasinos noch Millionärsjachten schmiegen sich hier an die Küste. Stattdessen lädt ein öffentlicher Kiesstrand Schwimmer und Sonnenhungrige ans Ufer des Mittelmeers ein. Gern nutzen einheimische Wanderer und Jogger den Weg, der direkt bis zum Cap Martin führt, Namensgeber des südlichsten Punkts der lokalen Uferlinie. Die Wanderung lohnt sich schon wegen des fantastischen Blicks aufs

Mittelmeer und seine unendlich vielen Blauschattierungen: von hellem Blaugrün bis zu einem sehr tiefen, fast schwarzen Dunkelblau.

Vom Bahnhof Roquebrune-Cap-Martin aus geht man etwa zehn Minuten den Fußweg entlang, der nur rund anderthalb Meter breit ist. Unter die Fußgänger mischen sich auch Einheimische mit Motorrollern. Für Autos jedoch eignet sich der Weg nicht; und vielleicht ist die Umgebung von *Le Cabanon* deshalb immer noch relativ wenigen bekannt. Eine Ausnahme sind Architekturenthusiasten, die den Lieblingsferienort von Le Corbusier und seiner Frau Yvonne selbst erleben oder einen Blick auf das Ufer des Mittelmeers werfen möchten, wo Le Corbusiers Körper nach seinem letzten Bad im Meer am Morgen des 27. August 1965 an den Strand gespült wurde.

Wie bei architektonischen Destinationen oft der Fall, erreicht man den Ort nicht ganz ohne Mühe. Das ist vielleicht gar nicht schlecht und möglicherweise der Hauptgrund, warum das Restaurant *L'Etoile de Mer, Le Cabanon, die Unités de Camping* (fünf Sommerhäuschen) und Eileen Grays *E.1027* bis heute überdauert haben. Man kann sich vorstellen, wie anstrengend es gewesen sein muss, das benötigte Baumaterial zum Standort zu transportieren. Diese Unerreichbarkeit mit Lkw oder Pkw bedeutete also zwangsläufig zusätzliche Baukosten, was potenzielle Investoren abschreckte. Der Fußweg, mal abschüssig, mal ansteigend, folgt meist der lokalen Topografie und ist noch weitgehend derselbe wie zu Le Corbusiers Zeit vor etwa 70 Jahren, er ist allerdings nicht mehr wie damals mit Kies bedeckt (Seite 53). Der erste Teil des Weges trägt heute zu Ehren des wohl innovativsten Architekten des 20. Jahrhunderts den Namen *Promenade Le Corbusier*. Später geht man über den *Sentier Massolin*. Der zehnminütige Weg vom Bahnhof zu Le Corbusiers *Cabanon* gibt dem Spaziergänger die Möglichkeit, körperlich und mental einen gewissen Abstand zu gewinnen: zu sich selbst, den Alltagssorgen und dem noblen Monaco.

Die Silhouette der Stadt Monaco und ihrer Bucht kommt in den Blick, wo der Fußpfad leicht nach Süden schwenkt und die von privaten Hauseigentümern gepflanzten abschirmenden Grünanlagen lichter werden und die Aussicht freigeben. Nach und nach öffnet sich ein prachtvoller Blick über das Mittelmeer. *Le Cabanon* liegt im Südwesten, Richtung Meer. Der terrassierte Abhang geht über in die rauhen Klippen nahe der Küstenlinie, umspielt von den plätschernden Wellen des Meeres.

Le Corbusier lernte den Ort in den 1920er- und 1930er-Jahren kennen, als er Urlaub in der Heimat seiner Frau in der Nähe von Menton machte. Er wusste von der Villa *E.1027*, die Eileen Gray und Jean Badovici in der Zeit von 1926 bis 1929 für sich entworfen hatten. Le Corbusier, dem die Villa sehr gefiel, verbrachte später, im Jahr 1938, mit seiner Frau – auf Einladung von Badovici – den Sommerurlaub in der Villa *E.1027*. Im Jahr darauf war er erneut eine Zeit lang in der Villa zu Gast und malte damals ohne die Zustimmung von Gray und zu ihrem Unmut die dortigen Wandgemälde.

Nach dem Krieg, in den späten 1940er-Jahren, kehrte Le Corbusier zurück und traf auf Thomas Rebutato, Installateur im Ruhestand aus Nizza, der 1948 einen Steinwurf entfernt von Grays Villa sein kleines Fischrestaurant *L'Etoile de Mer* eröffnet hatte. Le Corbusier fragte Rebutato, ob er für ihn und etwa 20 Gäste in seinem Restaurant ein Geschäftsessen servieren könne. Rebutato willigte ein und es wurde ein Erfolg. Zudem war dies der Beginn einer lebenslangen Freundschaft zwischen dem Ehepaar Le Corbusier und den Rebutatos samt ihrem Sohn Robert, der Architekt wurde und für Le Corbusier arbeitete.

Bekannt ist Le Corbusiers Schilderung eines Abends im Restaurant Rebutatos: „Am 30. Dezember 1951 zeichnete ich auf einer Tischkante einer kleinen Vesperstube an der Côte d'Azur – um meiner Frau damit ein Geburtstagsgeschenk zu machen – die Pläne zu einer kleinen ‚Hütte', die ich im Jahr darauf auf einem flutüberspülten Felsenstück auch baute. Diese (meine) Pläne waren in einer drei viertel Stunden fertiggezeichnet. Sie sind endgültig; nichts wurde geändert; nach dieser Reinzeichnung wurde die Hütte gebaut."[1]

Das klingt sehr einfach. Doch man sollte berücksichtigen, dass Le Corbusier bereits 64 Jahre alt war, als er diese Pläne für *Le Cabanon* in Thomas Rebutatos *L'Etoile de Mer* auf einer Tischkante skizzierte. Die besagten 45 Entwurfsminuten sind im Grunde das Konzentrat von über 40 Jahren weltweiter Reisen, Erfahrung in zukunftsweisender Architektur, Gestaltung und Stadtplanung. Le Corbusier konnte also zurückgreifen auf einen großen Schatz an Erfahrungen, die er unter anderem auf seinen Reisen gesammelt hatte. So war er zum Beispiel auf dem Berg Athos in Griechenland gewesen oder im Kartäuserkloster der *Certosa di Ema* bei Florenz, wo er die Mönchszellen bewundert und zum idealen Wohnraum erklärt hatte. Die Summe all dieser Erfahrungen gab ihm den Anstoß zur Planung komplexer städtischer Projekte wie der *Unité d'habitation,* denen er den Ruf des hochangesehenen Architekten, Stadtplaners und Künstlers verdankte. Dieses ganze Wissen wird zum Entwurf von *Le Cabanon* beigetragen haben.

Le Corbusier veröffentlichte Fotos und Skizzen von *Le Cabanon* auf zwei Seiten in seinem *Œuvre Complète*, Band V, 1946–52, versehen mit dem einfachen Text: „Anwendung des Modulor. Raum von 366 × 366 cm Grundfläche und 226 cm Höhe, vorfabriziert in Ajaccio. Die Konstruktion hat sich im Gebrauch vorzüglich bewährt."[2] In einem Interview mit Georges Charensol für die Sendung *L'art moderne in Radio France* erklärte Le Corbusier 1962: „Für meinen persönlichen Gebrauch habe ich ein Schloss an der Côte d'Azur, das 3,66 × 3,66

Meter misst. Es war für meine Frau, es war großartig, innen war es fantastisch komfortabel und schön."[3]

In beiden Zitaten beschreibt Le Corbusier einen quadratischen Grundriss, doch das ist streng genommen nicht ganz richtig: In diesen Beschreibungen ist der Korridor ausgespart, obwohl der im *Œuvre Complète* veröffentlichte Plan den Korridor mit Garderobensystem und der Toilette dahinter deutlich erkennen lässt. Korridor und Toilette eingeschlossen, umfasst die Fläche nicht 3,66 × 3,66 Meter, sondern eher 3,66 × 4,36 Meter.

Viele Wissenschaftler haben über diesen quadratischen Raum und seine spiralige Geometrie geschrieben. Die deutliche Einteilung der Bereiche nach der Spiralsequenz eines Schneckengehäuses gliedert *Le Cabanon* in zwei Ruhe- oder auch Schlafbereiche, einen Ankleidebereich und einen Arbeitsbereich. Außerdem benutzte Le Corbusier seinen Modulor, ein auf Proportionen bezogenes Maßsystem, das, wie er erklärte, den Menschen in harmonische Beziehung zur gebauten Umgebung bringt.

Bei der Ankunft vor Ort ist der erste Hinweis auf Le Corbusiers Gebäude das Modulor-Bild, deutlich sichtbar auf die Fassade der *Unités de Camping* (Seite 56) – fünf aneinandergereihte Holzhütten, die der Architekt 1954 für den Restaurantbesitzer Rebutato entwarf und 1956 baute. Folgt man dem Weg weiter, gelangt man vorbei an Rebutatos *L'Etoile de Mer* ins Innere von *Le Cabanon*. Von der Restaurantterrasse aus erlaubt eine unauffällige Tür in einer Trennwand den Zugang zum privaten Innenhof von *Le Cabanon*. Gästen des Restaurants stand die private Terrasse Le Corbusiers zu dessen Lebzeiten nicht offen; diese war ihm selbst und Yvonne und vielleicht engen Freunden vorbehalten, um sich zurückzuziehen oder die Geselligkeit zu pflegen. Durch eine Tür, die Le Corbusier im Korridor der

49

Hütte anbringen ließ, hatte er einen direkten Zugang zum Restaurant und zu dessen Speisekammer und Kühlschrank (Seite 65). Die Tür, die *Le Cabanon* mit dem Restaurant verband, war ein kluges Mittel, die Harmonie des Raums, die Le Corbusier sich geschaffen hatte, vor Störungen zu schützen. Durch geschicktes Auslagern der profaneren Alltagsgeschäfte hielt er sich den Küchenbetrieb vom Hals und damit das Modulor-Leben rein.

Wer auf dem *Sentier Massolin* wandert, sieht zunächst dichtes Grün, und wenn das Laubwerk an Dichte verliert, das Restaurant, dann das Dach des *Cabanon* und im Hintergrund Monaco (Seite 61). Ein paar Schritte weiter, am Ende des modernistischen Komplexes, befindet sich hinter einem Maschendrahttor eine sanft abfallende diagonale Treppe, die zum flachen Teil der Terrassenlandschaft hinabführt. Am Fuß der Treppe, nahe am Wasser, steht Le Corbusiers *Baraque de chantier* (Seite 60), ein Arbeitsraum von 2 × 4 Metern. 1954, zwei Jahre nach der Fertigstellung des *Cabanon* (Seite 57, 58), fügte Le Corbusier dieses kleine Studio an, wo er forschen, schreiben und zeichnen konnte. Am Ende der Terrasse grenzt die Hütte an Rebutatos Restaurant.

Wie man zum Cabanon kommt, hängt vom Tourführer ab. Eine Tour legt den Akzent stärker auf Le Corbusiers privates Reich, denn sie führt ins Innere, ohne vorher die Terrasse des Restaurants zu überqueren. Die großartige Sicht auf das Meer und Monacos Uferlinie wird durch die reiche Vegetation noch beeindruckender: verschiedene Bäume, Büsche, Kakteen und der Johannisbrotbaum mit seinem gewaltigen Stamm in der Mitte der Terrasse. Der Baum spielte eine elementare Rolle bei der Beschattung des *Cabanon* während der heißen Sommermonate. Die ganze Hütte stand im Schatten seiner halbkugelförmigen Krone, denn ein Johannisbrotbaum kann bis zu 15 Meter hoch werden. Da ein Gewitter vor einigen Jahren einen guten Teil seiner eindrucksvollen Krone zerstört hat, ist die Schattenfläche heute allerdings erheblich kleiner. Die historischen Fotos von Lucien Hervé (Seite 55) zeigen Le Corbusier bei der Arbeit im Freien auf der Terrasse, wo er vom kühlen Schatten profitierte. In weniger als einer Minute gelangt man über die Terrasse des *Cabanon* zur *Baraque de chantier*. Doch die räumliche Erfahrung des mediterranen Laubwerks und der wahrgenommene Raum bis hin zum Horizont des Meeres ins Unendliche vermitteln den Eindruck äußerster Weite, und insofern umfasst *Le Cabanon* sehr viel mehr als die offiziellen 3,66 × 3,66 Meter.

Konstruiert ist *Le Cabanon* als Holzrahmenbau, gefertigt und vollständig zusammengesetzt in Ajaccio, Korsika, in der Werkstatt des Baumeisters Charles Barberis (Seite 54). Dann wurde das vorgefertigte Gebäude in Teile zerlegt, nach Roquebrune-Cap-Martin verschifft und von der Bahnstation aus an seinen vorgesehenen Standort transportiert. Die letzte Etappe der Beförderung fand in den frühen Morgenstunden zwischen zwei und drei Uhr statt, die Zeit, in der die Bahngleise am wenigsten benutzt werden, um oberhalb des Terrains von *L'Etoile de Mer* zu halten, die vorfabrizierten Teile auszuladen und sie zum erneuten Zusammenbau auf das terrassierte Gelände hinunterzuschaffen[4] – angesichts des steilen Abhangs kein leichtes Unternehmen.

Das Innere ist mit Sperrholzplatten verschalt. Der hölzerne Fußboden ist hellgelb gestrichen und die Decke mit Tafeln in verschiedenen Farben, Grün, Rot, Weiß und Schwarz, ausgekleidet. Die dunkler gefärbten Tafeln wurden für den Ruhe- und Schlafbereich des Raums genutzt, die weißen für den Tisch- und Arbeitsbereich. Die schwarze Tafel findet sich ausschließlich im Korridor, als würde das Dunkel der Farbe es dem Auge erleichtern, sich an den Wechsel vom hellen mediterranen Licht ins Innere und vice versa anzupassen. Die Außenwand des *Cabanon* ist mit horizontalen, etwa 10 bis 20 Zentimeter breiten Platten aus Tannenholz verkleidet. Die Platten sind auf vertikale Holzbretter genagelt, ähnlich der Schindelverkleidung an amerikanischen Häusern; doch gibt der halbkreisförmige Querschnitt der Platten dem *Cabanon* das Aussehen einer Blockhütte. Heute ist die Tannenholzverkleidung dunkelbraun gebeizt. Das Dach besteht aus zwei Reihen Wellplatten aus Faserzement, die am höheren und niedrigeren Ende des Daches etwa 30 Zentimeter weit auskragen.

„Ich fühle mich in meiner Hütte so wohl, dass ich dort wohl mein Leben beenden werde."[5]

1 Le Corbusier, Modulor 2. 1955 *(Das Wort haben die Benützer). Fortsetzung von „Der Modulor" 1948*, Stuttgart² 1979, S. 252.

2 Ders., *Œuvre complète* 1946–1952, Bd. V, Zürich⁵ 1966, S. 62.

3 Cohen, Jean-Louis (Hg.), *Le Corbusier Le Grand,* London 2008, S. 652.

4 Vgl. Chiambretto, Bruno, *Le Corbusier à Cap-Martin,* Marseilles 1987, Neuauflage 2006, S. 54.

5 Zit. nach: Weber, Fox Nicholas, *Le Corbusier: A Life,* New York 2008, S. 582.

Le Corbusier auf dem Rückweg vom
Cap Martin, neben ihm: Robert Rebutato

Le Cabanon wird in der Werkstatt von
Charles Barberis montiert, Ajaccio, Korsika

Le Corbuiser bei der Arbeit auf
der Terrasse des Cabanon

Blick nach Südwesten vom Fußweg
auf die Unités de Camping

56

Johannisbrotbaum bei Le Cabanon
und der Zugang zu l'Etoile de Mer

Blick nach Norden, Le Cabanon

Blick nach Südwesten, zwischen Johannisbrotbaum und Le Cabanon hindurch

Blick nach Südwesten
auf die Baraque de chantier

Blick nach Westen, in der Ferne Monaco

Blick nach Südwesten über das Dach
des Cabanon und des l'Etoile de Mer

Blick nach Südosten
mit geöffnetem Fenster

61

Fenster des Cabanon, Südostansicht   Fensteransicht des Cabanon, Südwestansicht

Fensterknauf, Le Cabanon,
Johannisbrotbaum im Hintergrund

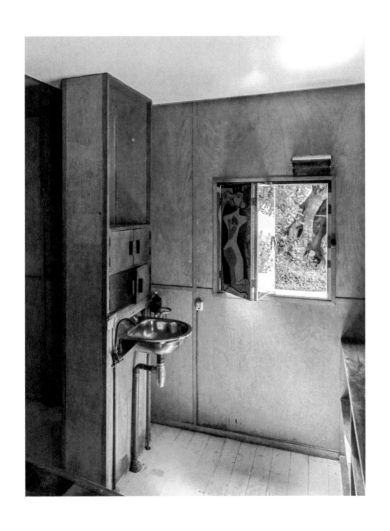

Waschbecken vor dem Fenster nach
Südosten, Le Cabanon

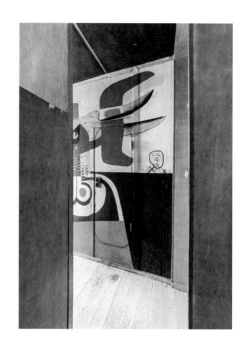

Korridor und Eingang von Le Cabanon

Wandbemalung im Korridor von
Le Corbusier, Le Cabanon

Fenster nach Südwesten mit verspiegeltem
Fensterladen, Le Cabanon

Fenster nach Südosten mit verspiegeltem
Fensterladen, Le Cabanon

Innenansicht des Cabanon

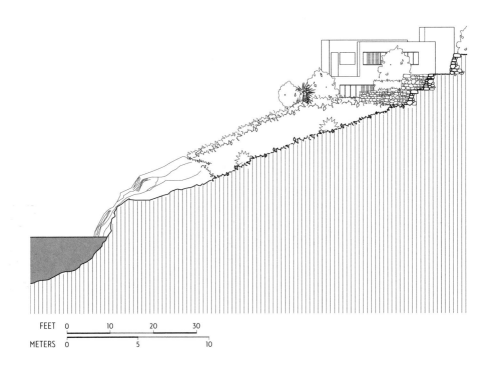

FEET 0   10   20   30

METERS 0   5   10

Geländeschnitt West – Ost, E.1027,

68

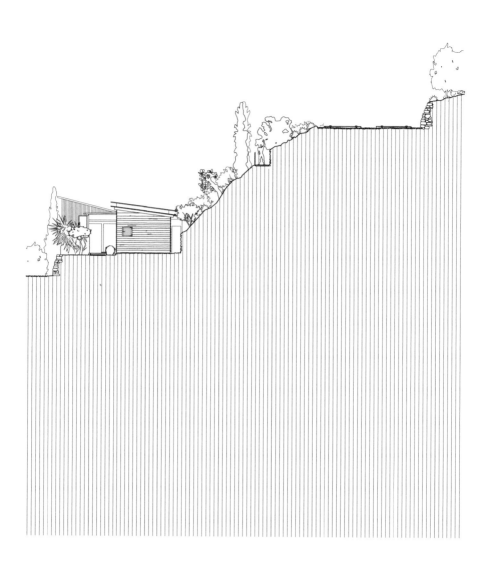

... Le Cabanon und Bahnschienen

1. BAHNSTATION ROQUEBRUNE-CAP-MARTIN
2. LE CABANON
3. GRABSTÄTTE VON LE CORBUSIER UND YVONNE GALLIS

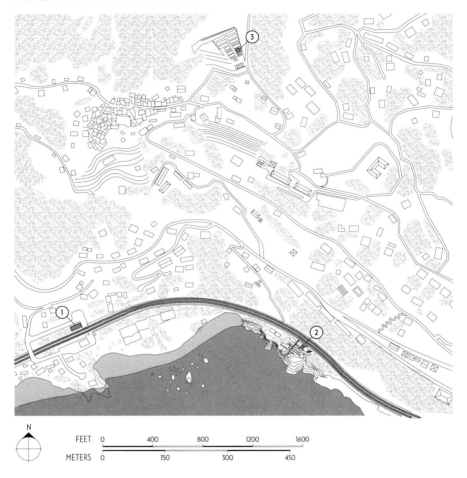

N

| FEET | 0 | 400 | 800 | 1200 | 1600 |
| METERS | 0 | 150 | 300 | 450 | |

Lageplan mit Küstenlinie,
Roquebrune-Cap-Martin

1. E.1027
2. UNITÉS DE CAMPING
3. RESTAURANT L'ETOILE DE MER
4. LE CABANON
5. BARAQUE DE CHANTIER

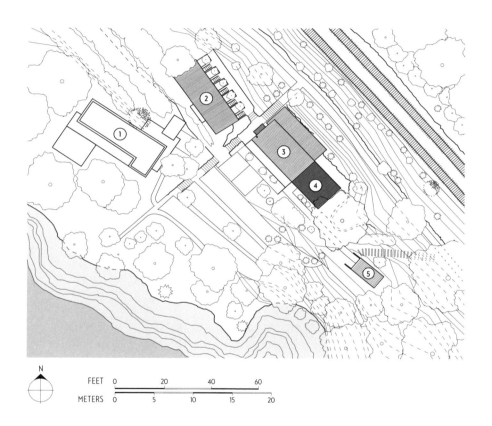

Lageplan

1. EINGANG
2. TÜR ZUM RESTAURANT L'ETOILE DE MER
3. GARDEROBE
4. EINGANG ZUM INNENRAUM
5. TOILETTE
6. SCHRANK
7. BETT
8. NIEDRIGER TISCH

9. REGALE MIT WASCHBECKEN
10. TISCH
11. NIEDRIGES REGAL
12. REGAL
13. FENSTER, innen mit Spiegelflügel an Scharnieren und nach außen schwingendes Fenster (28' × 28')
14. FENSTERLÄDEN mit Vertikalen Belüftungsschlitzen / Innere Fensterläden

FEET 0 1 2 4 6
METERS 0 1 2

Grundriss, Le Cabanon

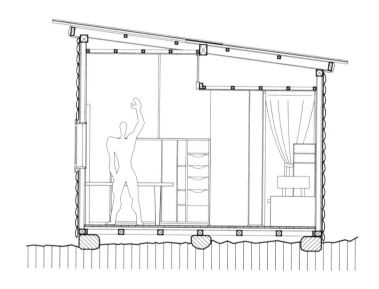

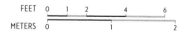

Schnitt A, Richtung Nordwesten, Le Cabanon

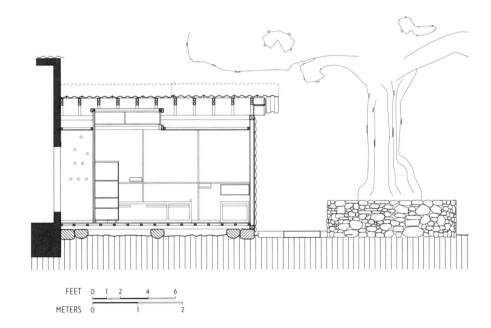

FEET 0 1 2 4 6
METERS 0 1 2

Längsschnitt D, mit Johannisbrotbaum,
Richtung Nordosten, Le Cabanon

74

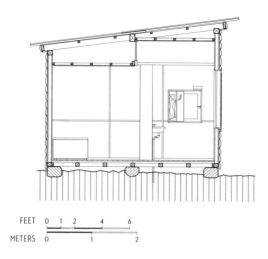

FEET 0 1 2 4 6
METERS 0 1 2

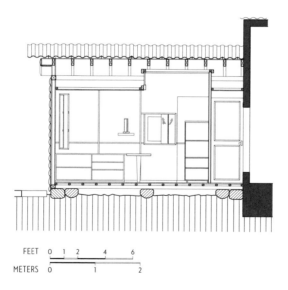

FEET 0 1 2 4 6
METERS 0 1 2

Schnitt B,
Richtung Südosten, Le Cabanon

Längsschnitt C,
Richtung Südwesten, Le Cabanon

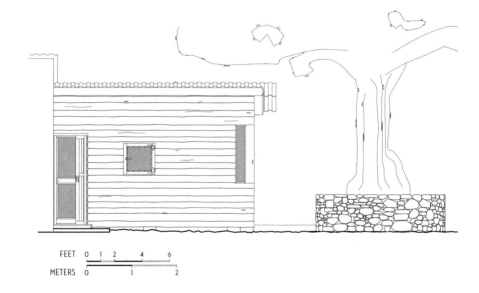

FEET 0 1 2 4 6
METERS 0 1 2

Ansicht von Südwesten, Le Cabanon

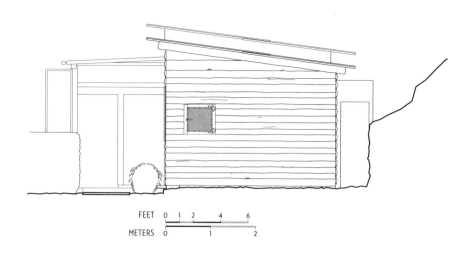

FEET 0 1 2 4 6
METERS 0 1 2

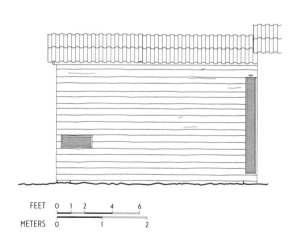

FEET 0 1 2 4 6
METERS 0 1 2

Ansicht von Südosten, Le Cabanon   Ansicht von Nordosten, Le Cabanon

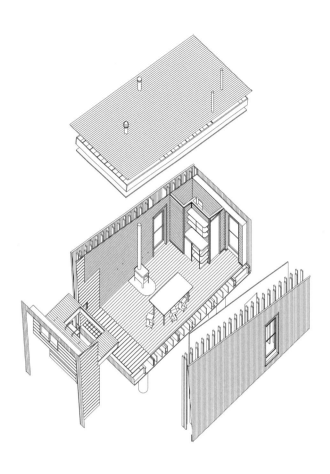

Explosionszeichnung, Sustainable Cabin

SUSTAINABLE CABIN
2008–2010

College of Architectur, Texas Tech University

Fährt man – mit Crowell, Texas, im Rücken – über den US-Highway 70 Richtung Westen, muss man darauf achten, die Abbiegung zur Landstraße 1039 nicht zu verpassen. Die Landstraße hat keinen Mittelstreifen, und nach einigen Minuten Fahrt ist Schluss mit dem groben Asphalt, die Straße wird zu einem Sandweg, auf dem die Fahrzeuge eine rote Staubwolke hinterlassen. Das Fahrzeug der Wahl in diesem Teil der Welt ist ein Pick-up. Der kleine Laster ist hier nicht einfach ein Kriegsspielzeug für Großstadt-Hipster, nein, in diesem Teil der Welt hat er wirklich einen Sinn, einen bestimmten Nutzungszweck. Das ländliche Texas ist für den Pick-up die natürliche Umgebung, das Arbeitsumfeld von Ranchern und Farmern – der Pritschenwagen ist ihr Werkzeug.

Nach etwa einer Minute auf dem Schotterweg taucht im Westen ein einfaches Eisentor auf, dahinter je nach Jahreszeit trockenes, gefrorenes oder blühendes westtexanisches Weideland. Das Klima auf den High Plains ist rau und windig, in heißen Sommern und kalten Wintern kann die Temperatur binnen 24 Stunden um zehn Grad Celsius ab- bzw. zunehmen. Die Sandpiste wird jetzt fast zu einem zweispurigen Feldweg mit hohem Gras in der Mitte.

Hier kann man den Pick-up entweder parken und den Präriehang hinaufwandern oder bis zur Hütte fahren. Geht man zu Fuß weiter, taucht am Horizont unter endlos weitem Himmel plötzlich die keilförmige Silhouette eines winzigen, glänzenden Metallgebäudes auf. Das metallene Dach glänzt in der Sonne; die Hütte ist erreicht.

Die *Sustainable Cabin* ist ein vorgefertigtes ökologisches Entwurfs-und Bauprojekt von Studierenden der Architektur, der Bildenden Künste und der Ingenieurswissenschaften an der Texas Tech University. Es handelt sich dabei um eine versorgungsunabhängige, etwa 37 Quadratmeter große „Forschungshütte" für eine Non-Profit-Einrichtung. 2008 entworfen und im Sommer 2010 vollendet, dient die *Sustainable Cabin* als experimentelle Forschungsstation für nachhaltige Planung und Lebensführung an einem abgelegenen Ort in den amerikanischen High Plains, der gänzlich vom Stromnetz abgeschnitten ist und gesammeltes Regenwasser, Abfallkompostierung, Solarstromanlagen sowie passive Solarkonzepte nutzt.

Wirtschaftliche Gründe führen zur kritischen Hinterfragung der verschiedenen sozialen und ökonomischen Bedingungen, die heutiges Planen und Bauen prägen und beeinflussen. Das Material für Henry David Thoreaus Hütte kostete seinerzeit 28 Dollar und zwölfeinhalb Cent, das wären, inflationsbereinigt, heute etwa 722 Dollar.

Die *Sustainable Cabin* der texanischen Hochschule kostet zugegebenermaßen mehr als Thoreaus Haus und Le Corbusiers *Cabanon* zusammen, aber alle drei Bauwerke sind gute Beispiele für wirtschaftliches und ökologisches Design. Die Kosten für Le Corbusiers *Cabanon* betrugen 400 000 alte französische Francs, das entsprach 1952, dem Baujahr von *Le Cabanon,* 6800 US-Dollar – und heute, wiederum inflationsbereinigt, 60 000 Dollar.

Der *Solar Decathlon* ist ein alle zwei Jahre vom US-Ministerium für Energie durchgeführter Wettbewerb zum Entwurf und Bau von Solarhäusern. Im ersten Jahrzehnt präsentierten die teilnehmenden Planungsteams der Colleges ihre Lösungen auf der National Mall in Washington D.C.

Der Gesamtsieger des *Solar Decathlon* von 2007 war die Technische Universität Darmstadt. Die großartige Leistung, die der Universität viel Anerkennung brachte, verursachte aber zugleich hohe Kosten: Das ging in die Hunderttausende Dollar. Der logistische und der finanzielle Aufwand für den Transport des Prototyps eines Solarhauses über rund 2600 Kilometer veranlasste das Architekturcollege der Texas Tech University dazu, über alternative Verfahren nachzudenken: Wie lässt sich ein kostengünstiges Gebäude planen und erstellen, das ökologisch, solarstrombetrieben und netzunabhängig ist und mit vorgefertigten Teilen gebaut werden kann?

Nun wurden Konzepte entworfen, Förderanträge geschrieben und historische Vorläufer untersucht. 2008 waren ausreichend Gelder zusammengekommen, und in einem ungeheizten gemieteten Lagerhaus in den Außenbezirken von Lubbock konnte das Planungs- und Bauprojekt beginnen. Sechs Semester lang tauschten mehr als 60 Studenten ihr Studiowerkzeug, Computer und Maus, gegen Hammer und Säge.

Ein Blick auf die Lagepläne von Thoreaus Haus am Waldensee und Le Corbusiers *Cabanon* zeigte, dass beide Gebäude leicht nach Südosten ausgerichtet sind. In der Nähe beider Standorte führt eine Bahnstrasse vorbei, und beide historischen Vorgänger bieten einen Ausblick über eine große Wasserfläche. Obwohl nach Proportionen und Aussehen verschieden, sind sie zudem sehr vergleichbar in ihrer Größe – Thoreaus Haus misst knapp 14 Quadratmeter und *Le Cabanon* gut 13 Quadratmeter.

Im Westen Texas' gibt es keine natürlich vorkommenden stehenden Gewässer großen Umfangs, es sei denn bei sintflutartigen Regengüssen. Wenn der Wind durch die hohen Gräser der weiten texanischen High Plains streicht, meint man allerdings Ozeanwellen zu sehen, die eine leichte Brise kräuselt.

Die *Sustainable Cabin* ist nach Südosten in Richtung der Stadt Crowell ausgerichtet. Ihre Außenwand ist mit verzinktem Wellblech verkleidet, während im Bereich der Terrasse Zederbretter zum Einsatz kamen. Der Sockel besteht aus recyceltem Stahl aus einem ausgedienten „Double-wide" (das ist die größere Version eines Mobile Home, wie sie in amerikanischen Trailerparks stehen; sie werden in der Regel dort in zwei Hälften angeliefert und an ihrem Standort zu einer Einheit verbunden). Das Innere der Hütte ist mit Weißtannenholz verkleidet, und in die Wände sind in Abständen Zyanotypien eingesetzt, fotografische Kunst der Künstlerin Carol Flückiger, die an mittelalterliche Fresken erinnern. Die Kunst ist ein fester Teil des Ganzen und kann nicht entfernt werden, ohne es zu zerstören. Die Kunstwerke verweisen auf die Inspirationsquelle der *Sustainable Cabin*, auf Thoreau und Le Corbusier.

Auf der nordwestlichen Seite sammeln zwei Zisternen mit einem leicht diagonal geschnittenen verzinkten Abflussrohr das Regenwasser. Die Hütte wird durch gläserne Schiebetüren und Fenster natürlich belüftet. Die Solarzellen sind hinter einem Mesquitebaum im Südwesten und somit nicht im Blickfeld der Hütte installiert. Die so gewonnene Solarenergie reicht nicht für eine Klimaanlage, aber sie liefert genug Elektrizität für die Beleuchtung, einen Kühlschrank und einen Kochherd sowie zum Aufladen der verschiedenen elektronischen Geräte, die die Besucher während ihres Aufenthalts bei sich haben. Während der kälteren Jahreszeit sorgt Holzfeuer in einem Gusseisenofen für Wärme. Die Wärmedämmung, etwa 30 Zentimeter dick, besteht aus recycelter Bluejeans-Baumwolle von den Feldern der texanischen High Plains. Der Unterbau der Hütte setzt sich aus vier metallenen teleskopischen Stahlröhren zusammen, die in ein Betonfundament eingelassen sind. Nach ihrer Lieferung auf das Gelände wurden die Ärmelröhren und das Metallrahmen-Fundament der Hütte waagerecht gelegt und die oberen Stahlplatten direkt mit dem Metallrahmen verschweißt, der damit fest im Fundament verankert wurde.

Die Maße der Hütte werden durch das wiederverwertete Gestell einer Hälfte des „Double-wide" bestimmt, was zwei Quadraten von je 3,66 × 3,66 Metern entspricht, womit die Grundfläche der *Sustainable Cabin* die doppelte Größe von Le Corbusiers *Cabanon*-Raum erreicht, plus Schlafbodenbereich.

Die Stärke des Experiments liegt weniger in der innovativen Technologie als darin, eine nachhaltige und ökologische Ausstattung, die allgemein leicht verfügbar ist, zu testen, und zwar einschließlich passiver Heiz- und Kühlmethoden. Dahinter steht die Absicht, ökologische Architektur für die Studierenden an einem handfesten Beispiel sichtbar und erlebbar zu machen, ein Modell, das Generationen künftiger Studierender als *Living Research Laboratory* dienen soll, in dem Erfolge und Mängel des Projekts getestet und seine Komponenten mit fortschreitender Technologie möglicherweise verbessert werden.

Den meisten Studierenden war der Wechsel von der Theorie zur Praxis sehr willkommen, und sie begrüßten den im wahrsten Sinne des Wortes greifbaren Charakter ihrer Arbeit – einschließlich Baumaterialien, Montage und Hebung von Holzrahmenwänden, Metall- und Holzverkleidung samt Verbindung und der Anpassung der Planung an die praktischen Gegebenheiten vor Ort. Ein solches Projekt sorgt dafür, dass die Studierenden Architektur anders wahrnehmen, weniger abstrakt und realitätsnäher.

Der Wechsel von analogen zu digitalen Techniken beim Zeichnen und Bauen hat Ablauf und Charakter des Architekturstudiums wie auch den Beruf des Architekten verändert. Methoden computergestützter Planung (CAD / *computer-aided design*) und computergestützter

Fertigung (CAM / *computer-aided manufacturing*) sind inzwischen Standard. Die Technik digitalen Zeichnens auf einer Workstation hat den Vorgang der Darstellung und Kommunikation in der Architektur noch abstrakter gemacht, als er es zu analogen Zeiten bereits war. Die Kunst analogen Zeichnens hat ihre einstige Bedeutung faktisch eingebüßt. Heute wird analoges Zeichnen, wenn überhaupt, in den Konzeptphasen benutzt. Die taktile, körperlich spürbare Erfahrung von Bleistift und Füllfederhalter bei der Bewegung über Pauspapier, die Individualität handgezeichneter Linien ist nicht zu vergleichen mit den zwei Mausklicks, die nötig sind, um eine Linie auf einer Workstation zu zeichnen, die auf einem Monitor erscheint. Bei allen technologischen Fortschritten hat das Experiment *Sustainable Cabin* doch gezeigt, dass die Studierenden sich haptische, taktile Erfahrung wünschen. Studierende wollen den Widerstand eines Materials spüren, die Mühe und den Schweiß bei der Verbindung einer von Holzpfosten gerahmten Wand mit den Sparren eines Dachs. So allgemein und technisch simpel das auch klingt, ein akademisches Labor, in dem grundlegende Konstruktionsarbeit geleistet, erforscht und getestet werden kann, ist für die Studierenden nützlich und von großem Wert, selbst in unserer hochtechnologisierten Welt. Es ist zu hoffen, dass die Erfahrungen beim Entwurf und Bau der *Sustainable Cabin* für die Studierenden noch lange Zeit lebendig bleiben und ihnen, wenn sie auf dem Baugelände mit Bauunternehmern und Arbeitern zusammenarbeiten, ein besseres Verständnis für ihr eigenes Metier ermöglichen. Dies wird schließlich auch zu einem besseren Verständnis des gesamten Entwurfs- und Bauprozesses und damit zu einem insgesamt besseren architektonischen Schaffen führen.

Studenten der Texas Tech University richten
die mit Holzpfosten gerahmte Wand auf

Studenten der Texas Tech University
zerlegen und recyceln einen ausgedienten
„Double-wide"

Die Sustainable Cabin verlässt
Lubbock Richtung Crowell Texas

Die Sustainable Cabin auf ihrem Weg
nach Norden auf der Farm Road 1039

Blick nach Nordosten,
die Sustainable Cabin im Sonnenaufgang

Blick nach Nordosten, die Sustainable Cabin
mit Fotovoltaikanlage und Wassertanks

Blick nach Südosten,
Sustainable Cabin mit Gewitterwolken

Blick nach Nordosten, Sustainable Cabin

Blick nach Nordwesten, Sustainable Cabin

91

Blick nach Nordwesten,
Sustainable Cabin, Terrasse

Blick nach Osten,
Sustainable Cabin, Terrasse

Blick nach Osten, Sustainable Cabin

Blick nach Südwesten, Sustainable Cabin,
Blick auf das Badezimmerfenster und die
Wassertanks

95

Innenansicht mit Tisch
und Stühlen, Sustainable Cabin

Innenansicht mit Tisch
und Stühlen, Sustainable Cabin

Innenansicht, Schiebetür
zur Terrasse, Sustainable Cabin

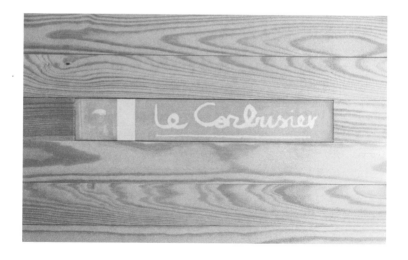

Garderobenhaken mit Zyanotypie von
Carol Flückiger, Sustainable Cabin

Zyanotypie von Carol Flückiger,
Sustainable Cabin

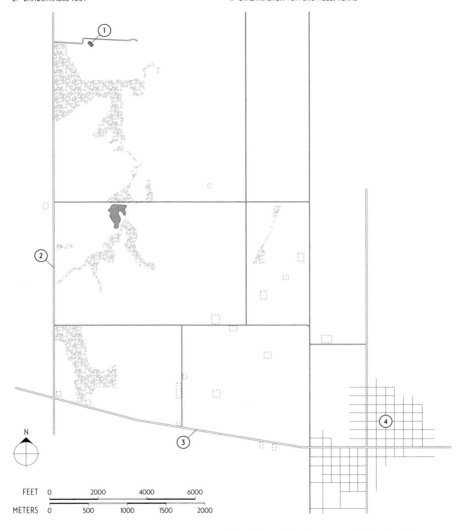

N

FEET   0   2000   4000   6000
METERS 0   500   1000   1500   2000

Lageplan mit Stadtraster und Sustainable
Cabin, Crowell, Texas, und Umgebung

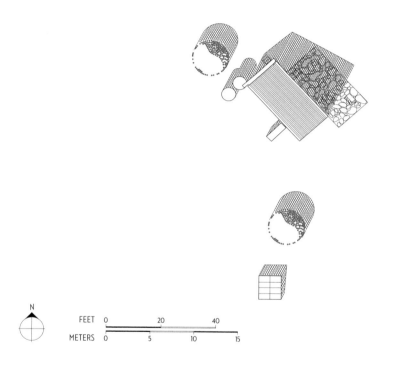

N

FEET 0   20   40

METERS 0   5   10   15

Lageplan, Terrasse, Wassertanks,
Fotovoltaikanlage und Mesquitebäumen

101

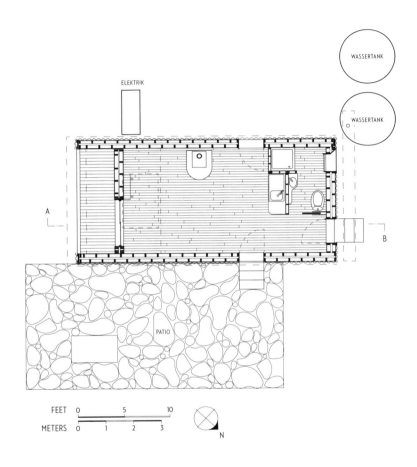

WASSERTANK

WASSERTANK

ELEKTRIK

A

B

PATIO

FEET   0   5   10

METERS   0   1   2   3

N

Grundriss, Sustainable Cabin

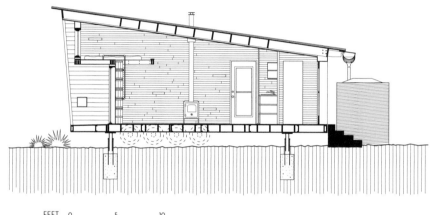

FEET   0   5   10

METERS   0   1   2   3

Längsschnitt A, Richtung Südwesten,
Sustainable Cabin

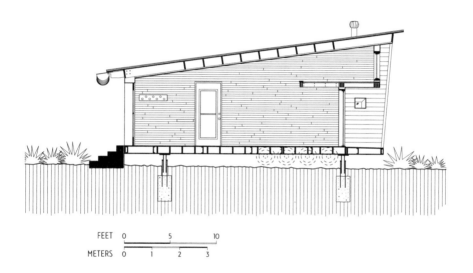

FEET 0 5 10
METERS 0 1 2 3

Längsschnitt B, Richtung Nordosten,
Sustainable Cabin

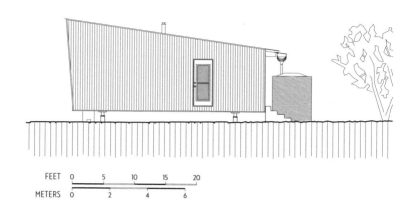

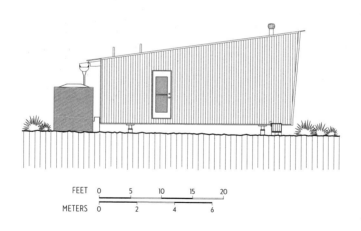

FEET   0   5   10   15   20

METERS   0   2   4   6

Ansicht Nordosten, Sustainable Cabin   Ansicht Südwesten, Sustainable Cabin

Studenten der Texas Tech University am
Lagerfeuer bei der Sustainable Cabin

Sustainable Cabin in der Dämmerung

DANK

Dieses Buch ist wie ein Werk der Architektur ein sowohl individuelles als auch gemeinschaftliches Unternehmen. Ohne die Unterstützung und Hilfe der im Folgenden aufgeführten Personen und Organisationen wäre das Buch nicht möglich geworden.

Mein Dank geht an das Scholarship Catalyst Program aus dem Büro des Vizepräsidenten für Forschung an der Texas Tech University und an die TTU Fakultät für Creative Arts, Humanities and Social Sciences Competition, die die Bedeutung dieses Buches erkannt und es durch großzügige Unterstützung ermöglicht haben.

Ein besonderer Dank geht an Arnaud Dercelles, Bénédicte Gandini, Michel Richard und Delphine Studer von der Fondation Le Corbusier sowie an Jeffery S. Cramer vom Thoreau Institute. Alle von ihnen haben sich die Zeit genommen, Fragen zu beantworten und mir Zugang zu ihren Archiven zu geben.

Ich danke dem Historiker Richard Smith für die aufmerksame Führung durch Walden am Waldensee und seine Einsichten in Thoreaus Zeit und sein Leben.

Dankbar bin ich Stephanie Bunt, Absolventin des Texas Tech College of Architecture, die während zahlloser Stunden die Zeichnungen für dieses Buch angefertigt hat.

Dank schulde ich Denny Mingus für die Bearbeitung der Fotos und die Gestaltung der Fotomontage von Thoreaus „Haus" sowie das Arrangement der Panoramen.

Ein besonderer Dank geht an Clifton Ellis, dem die Lektüre, Redaktion und Korrektur des Textes in meiner Hybridsprache Swinglish (Schweizerdeutsch / Englisch) nie zu viel wurde.

Ich danke Annette Gref und Katharina Kulke vom Basler Birkhäuser Verlag für Koordination und Beaufsichtigung der Publikation und Julia Dawson für das Lektorat der englischen Texte. Thomas Neeser und Thomas Müller von Neeser & Müller für ihr scharfes Auge bei der Gestaltung des Buchs.

Dankbar bin ich all denen, mit denen ich im Laufe der Publikation des Buches bekannt werden und zusammenarbeiten durfte. Sie haben großzügig ihre Zeit für Gespräche zur Verfügung gestellt, um mir mit ihren jeweiligen Erfahrungen behilflich zu sein. Ich danke Kevin Brown, Hendrika Buelinckx, Robert V. Duncan, Taylor Eighmy, W. Mark Gunderson, Saif Haq, Christopher R. Hidalgo, Glenn Hill, Kathy Johnson, Michael A. Jones, Michael Martin, Paola Pellandini, Bob Perl, Bonnie Reed, Michael San Francisco, Ben Shacklette, Henry K. Sharp, Gary Smith, Andrew Vernooy und John White.

Zu guter Letzt ein Dank von ganzem Herzen an meine Familie, Carol und Lucas, denen dieses Buch gewidmet ist.

BILDNACHWEIS UND MITARBEITENDE

Fotografien

Alle Fotografien, falls nichts anderes vermerkt ist, hat der Autor selbst aufgenommen.

S. 5: Panoramaaufnahme des Autors zusammengesetzt von Denny Mingus

S. 28: Detroit Publishing Company, Library of Congress
http://www.loc.gov/pictures/item/det1994020348/PP/

S. 29: Detroit Publishing Company, Library of Congress
http://www.loc.gov/pictures/item/det1994020349/PP/

S. 30–35: Foto des Autors, Fotomontage von Denny Mingus

S. 36–37 133a: Walden Pond Survey, Zeichnung von Henry David Thoreau, 1846. The Concord Free Public Library, Special Collections, Henry David Thoreau's Land and Property Survey's.

S. 53: Fotograf unbekannt, Le Corbusier, herausgegeben von Willy Boesiger, Verlag für Architektur, Artemis Zürich 1972, S. 96. Auch publiziert in: Eileen Gray L'Etoile de Mer Le Corbusier, Trois aventures en Mediterranee archibooks Paris. 2013. S. 80. Credit is given to: Le Corbuiser quittant Cap-Martin suivi de Robert Rebutato © F.L.C. / ADAGP, Paris 2013

S. 54: Fotografie der François Barberis Collection, Montpellier, aus: Le Corbusier – The Measures of Man, herausgegeben von Olivier Cinqualbre und Frédéric Migayrou. Scheidegger und Spiess, 2015. S. 215.

S. 55: Fotograf: Hervé, Lucien.

S. 86/S. 89/S. 91/S. 92: Fotograf: Mingus, Denny.

Zeichnungen

Alle Zeichnungen hat Stephanie Bunt in Zusammenarbeit mit dem Autor angefertigt, falls nichts anderes vermerkt ist.

Mitarbeitende Sustainable Cabin

Studierende der Texas Tech University

Frühling 2008: Deborah Bradshaw, Justin Mecklin

Sommer 2008: Piotr Chicinski, Michael Driskill, Cory Folsom, Brandon Pryor

Herbst 2008: Joshua Atkins, Sara Bradshaw, Nicholas Genzer, Amanda Glidewell, Ginger Kapalka, Sergio Lainez, Jenna Murphy, Jordan Mussett, Eric Ritchie, Chelsea Sekula, Daniel Takahashi, Douglas Zimmerman

Frühling 2009: Cody Carriker, Michael Cast, Sean Cox, Joseph Engelhardt, Edgar Gallegos, Amanda Glidewell, Mckee Kelly, Ryan Kimberling, Lindsay Kunz, Bradley Latson, Aaron Marshall, Wesley McElhany, Kyle Meason, Kyle Robertson, John Simons, Warren Toups

Sommer 2009: Ian Britt, Stephanie Hanlon, Cherese Wheeler

Herbst 2009: Donovan Blakeley, Taylor Coleman, Crystal Davis, William Denman, Edmundo Fortuna, Justin Hackleman, Alex Kneer, Tyler Marks, Kory Murphy, Jonathan Pace, Lauren Rentschler, Kenneth Roberts, Andrew Stiglmeier, Andrew Tyler

Frühling 2010: Gregory Hemmelgarn, Brendon Hoffman, Jonathan Lemaster, Christina Liebelt, Gilberto Lopez, Phillip Miller, Michael Morow, Kenneth Olson, Garik Rowe, Parker Sands, Amador Saucedo, Brian Wills, Austin Wilson

Herbst 2010: William Cotton, Ji Eom, Jason Fancher, Michael Franks, Joshua Krantz

Mitarbeitende aus den folgenden Colleges und Departments

College of Architecture: Urs Peter Flückiger, Dipl. Arch. SIA, Professor, Michael Martin, Architect, Instructor, Ben Shacklette, AIA, Assoc. Professor

College of Visual and Performing Arts, School of Art: William Cannings, Assoc. Professor, Carol Flückiger, Assoc. Professor

College of Engineering, Department of Mechanical Engineering: Derrick Tate, Assistant Professor

Texas Tech Staff Members: Sam Beavers, Mark Bond, Denny Mingus, Fred Porteous, Julie Rex

Sponsoren – Einzelpersonen und Unternehmen: Texas Tech University Research Enrichment Fund Grant. Fred Koch, Stacy Henry und Jon Black, The Pease River Foundation, Crowell, TX, F. Marie Hall, Midland, TX, John Dea, Dea Door und Window Co. Lubbock, TX, Mike Harendt, MBCI Metal Buildings, Houston, TX, Rex Neitsch, Thermal Insulation, EcoBlue, Lubbock, TX, Larry Harvey AIA, Chapman Harvey Architects, Lubbock, TX, Lumber Liquidator, Flooring Systems, Amarillo, TX, Craig Shankster, Energy Efficient Wood Stoves, Morsø USA, Portland, TN, BioLet, Toilet Systems, Fresno, OH, Lowe's Home Improvement Center, Lubbock, TX, Encenex Corporation, Roof Vent Systems, Sugarland, TX, Cris Been, Therma Breeze, Solar Solutions, Lubbock, TX

Über den Autor

Urs Peter Flückiger praktiziert Architektur in Lubbock, Texas, und lehrt an der Texas Tech University, wo er Professor für Architektur ist. Er hat für verschiedene Architekturbüros in der Schweiz gearbeitet, unter anderem für das Büro von Mario Botta. Vor seiner Lehrtätigkeit an der Texas Tech 1998 hat er im Büro von David Rockwell in New York gearbeitet. Den Master of Architecture hat er am Virginia Polytechnic Institute und an der State University Blacksburg, Virginia, erworben. Sein Interesse für Entwurf und Forschung richtet sich auf ökologischen und ökonomischen Wohnungsbau, Minimalismus in der Architektur, Entwurfs- und Bauprozesse sowie die Moderne und die Entwicklung der Architektur bis heute. 2004 haben er und seine Frau Carol ihr Haus nach Flückigers Philosophie entworfen und gebaut. Seine Arbeit wurde in der „New York Times", „Texas Architect Magazine", in einigen Büchern und zahlreichen Zeitschriften veröffentlicht. 2007 hat er Donald Judd, Architecture in Marfa, Texas publiziert. Wenn er nicht über Architektur nachdenkt oder mit seiner Familie etwas unternimmt, liebt er es, mit klassischen, luftgekühlten Zweizylinder-BMW-Motorrädern durch die High Plaines von Texas zu fahren.

Urs Peter Flückiger

Wie viel Haus?

Thoreau, Le Corbusier und die Sustainable Cabin

Übersetzung aus dem Englischen: Ute Spengler
Lektorat: Anke Schild
Projektkoordination: Annette Gref, Katharina Kulke
Herstellung: Katja Jaeger
Layout, Covergestaltung und Satz: Neeser & Müller GmbH, visuelle Gestaltung, Basel
Schrift: Media 77 by André Gürtler, Christian Mengelt & Erich Gschwind
Papier: Schleipen Fly weiß 130 gr
Druck, Bindung, Lithografie: DZA Druckerei zu Altenburg GmbH

Library of Congress Cataloging-in-Publication data
A CIP catalog record for this book has been applied for at the Library of Congress.

Bibliografische Information der Deutschen Nationalbibliothek
Die Deutsche Nationalbibliothek verzeichnet diese Publikation in der Deutschen Nationalbiblio-
grafie; detaillierte bibliografische Daten sind im Internet über http://dnb.dnb.de abrufbar.

Dieses Buch ist auch in englischer Sprache (ISBN 978-3-0356-1028-4) und französischer Sprache
(978-3-0356-1029-1) erschienen.

© 2016 Birkhäuser Verlag GmbH, Basel
Postfach 44, 4009 Basel, Schweiz
Ein Unternehmen der Walter de Gruyter GmbH, Berlin / Boston

Gedruckt auf säurefreiem Papier, hergestellt aus chlorfrei gebleichtem Zellstoff. TCF ∞

Printed in Germany

ISBN 978-3-0356-1026-0

9 8 7 6 5 4 3 2 1   www.birkhauser.com